如果史記這麼帥

⑤ 漢代群英

【完結】

戴建業 主編

漫友文化 繪

人物關係圖・漢代群英篇

張釋之

袁盎 ──推薦──> 張釋之

袁盎 ──厭惡── 晁錯

袁盎 ──設計殺害── 晁錯

袁盎 ──前上級──> 劉濞

晁錯 ──結仇── 竇嬰

晁錯 ──削藩──> 劉濞

晁錯 ──敵對── 竇嬰

竇嬰 ──嫉妒── 灌夫

竇嬰 ──好友──> 灌夫

田蚡 ──設計殺害── 灌夫

田蚡 ──大鬧婚宴── 灌夫

叔孫通 ──同事── 韓信

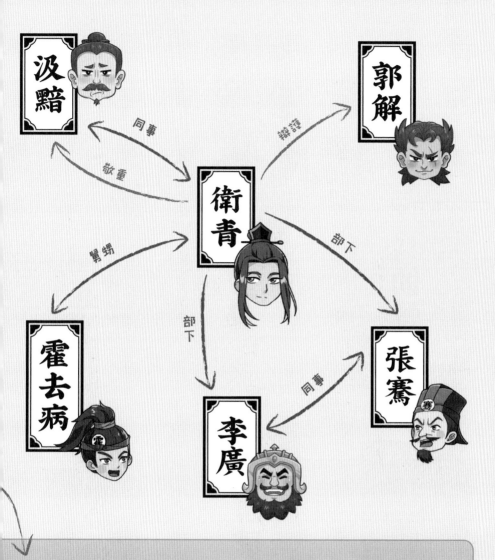

汲黯

郭解

衛青

霍去病

李廣

張騫

同事

敬重

辯護

舅甥

部下

部下

同事

部下

賈誼

東方朔

董仲舒

司馬相如

漢賦家族

結局早已註定

1/

韓信是天生的將領，從無敗績。但
他一面不願背叛劉邦自立為王，一
面又經常要脅劉邦索要權力，最終
落得身死族滅的下場。

韓信

膽敢要脅劉邦的開國大將

韓信

出生地

泗水郡淮陰縣
（今江蘇淮安）

生年

不詳

卒年

西元前 196 年

身份

漢朝開國將領

技能

十面埋伏

功高震主

　　楚漢之爭時，民間流傳有「得韓信者得天下」的說法。韓信一開始投靠楚軍，沒有得到重用，於是又跑到劉邦這邊求職。在劉邦身邊的大紅人蕭何的極力推薦下，韓信被任命為大將軍。他率軍攻破魏、代、趙、燕、齊等諸侯國，幾乎打下大半個天下。

　　韓信因此沾沾自喜，竟然趁劉邦被圍困時，寫信要求當代理齊王。後來劉邦約他合力圍攻楚軍，韓信又耍大牌，一直等到劉邦許諾給他封地後才出現，在垓（ㄍㄞ）下設下十面埋伏，打敗項羽。

　　然而剛達到人生巔峰，韓信就被沒收了兵權，改封為楚王，不久又被降為淮陰侯。韓信怨恨劉邦懷疑自己，常常託病不上朝，甚至煽動別人謀反，最後被呂后和蕭何騙進宮中殺害了。

想出去就給我封地！

你知道嗎？ 蕭何追回來的逃兵成了大將軍

　　韓信在劉邦手下當倉庫管理員時，總被上司蕭何誇讚，但一直沒被劉邦重用，於是離開去找下家。蕭何急得親自去追他，劉邦以為蕭何也逃跑了，又氣又慌。幾天後蕭何回來，劉邦才知道原因，對韓信另眼相看，拜他為大將軍。不過後來韓信被殺也是因為中了蕭何的計謀，這就是「成也蕭何，敗也蕭何」。

從落魄青年到打仗教科書

韓信年輕時家境貧窮，
當不上官，還懶得做買賣，
所以常常吃不上飯。

他經常去下鄉南昌亭長家蹭飯，
人們都很嫌棄他。

淮陰侯韓信者，淮陰人也。始為布衣時，
貧無行，不得推擇為吏，又不能治生商
賈。常從人寄食飲，人多厭之者。常數從
其下鄉南昌亭長寄食，數月。
　　　　　　　——《史記·淮陰侯列傳》

如果史記這麼帥❺　漢代群英

亭長家只好提前吃完飯。
韓信來到後發現吃不到，
於是再也沒有去了。

都吃過囉，
去隔壁家看
看吧？

洗刷刷

切！小氣鬼。

他投奔到楚軍，
但屢次獻策都沒被採納，
就轉而追隨漢王劉邦。

走吧走吧，項將
軍看不上你。

哼！那我去投靠
你們對家！

亭長妻患之，乃晨炊蓐食。食時信往，不
為具食。信亦知其意，怒，竟絕去。
　　　　　　　　——《史記·淮陰侯列傳》

沒過多久，他就被別人連累受刑，
急得他大吼：

漢王殺掉壯士，是想放棄天下嗎？

鏘！

將領聽到這不同凡響的話，
又看韓信相貌威武，
於是饒了他一命。

少年，你成功引起了我的注意。

坐法當斬，其輩十三人皆已斬，次至信，
信乃仰視，適見滕公，曰：「上不欲就天下
乎？何為斬壯士！」滕公奇其言，壯其
貌，釋而不斬。

——《史記·淮陰侯列傳》

後來在蕭何的強烈推薦下，
劉邦破例將還沒有戰功的韓信
任命為大將軍。

那人誰呀？方頭方腦
的能勝任嗎？

那不是經常蹭吃
蹭喝的窮鬼嗎？

韓信給劉邦分析天下大勢，
謀劃了打敗項羽的策略，
幫他佔領了關中大部分地區。

我整理了打敗項羽
的全套攻略哦。

何曰：「王素慢無禮，今拜大將如呼小兒
耳，此乃信所以去也。王必欲拜之，擇良
日，齋戒，設壇場，具禮，乃可耳。」王許
之。諸將皆喜，人人各自以為得大將。至
拜大將，乃韓信也，一軍皆驚。
　　　　　　　——《史記·淮陰侯列傳》

但劉邦和項羽正面打時經常輸，
許多屬地剛被收服又紛紛叛逃。

韓信於是率領數十萬兵馬，
攻克了一個個叛軍，
一直打到趙國。

信與張耳以兵數萬，欲東下井陘擊趙。趙
王、成安君陳餘聞漢且襲之也，聚兵井陘
口，號稱二十萬。

——《史記·淮陰侯列傳》

開戰前，
韓信傳令下去，
讓士兵們準備開慶功宴。

然後派出萬人的先頭部隊，
背靠河水大搖大擺地擺開陣勢。

令其裨將傳飧，曰：「今日破趙會食！」諸
將皆莫信，詳應曰：「諾。」
——《史記·淮陰侯列傳》

趙軍看對方不給自己留退路，
認為勝利唾手可得。

我們贏定了。

天剛濛濛亮，
趙軍便主動出擊，
和漢軍戰鬥起來。

吃我一記
右勾拳！

不是說好猜拳的
嗎？你賴皮！

信乃使萬人先行，出，背水陣。趙軍望見
而大笑。平旦，信建大將之旗鼓，鼓行出
井陘口，趙開壁擊之，大戰良久。
——《史記·淮陰侯列傳》

如果史記這麼帥❺ 漢代群英

過了一會，
韓信命漢軍假裝撤退，
趙軍也一路追過去。

兩軍在河邊陣地激戰。
由於漢軍背水一戰，格外勇猛，
趙軍一時間無法將他們擊潰。

於是信、張耳詳棄鼓旗，走水上軍。水上
軍開入之，復疾戰。趙果空壁爭漢鼓旗，
逐韓信、張耳。韓信、張耳已入水上軍，軍
皆殊死戰，不可敗。
——《史記·淮陰侯列傳》

而韓信先前佈置的兩千輕騎兵，
已經從另一邊衝進空虛的趙營，
將趙軍的旗幟全部拔掉，
換上漢軍的紅旗。

打仗這事兒就是要不擇手段。

趙軍在前線取勝無望，
剛想退回營寨，
卻被滿城的紅旗嚇到。

完蛋！是調虎離山！

信所出奇兵二千騎，共候趙空壁逐利，則馳入趙壁，皆拔趙旗，立漢赤幟二千。趙軍已不勝，不能得信等，欲還歸壁，壁皆漢赤幟，而大驚，以為漢皆已得趙王將矣。
——《史記·淮陰侯列傳》

趙軍以為大本營已經淪陷，

軍心大亂，

最終慘敗。

砰！

**大本營沒了！
快跑啊！**

此後，韓信繼續用他的奇謀，

先後降服了燕國、齊國等，

立下赫赫戰功。

一個字 ── 爽！

兵遂亂，遁走，趙將雖斬之，不能禁也。於
是漢兵夾擊，大破虜趙軍，斬成安君泜水
上，禽趙王歇。

　　　　　　　──《史記·淮陰侯列傳》

最後他在垓下與項羽決戰，
命士卒徹夜唱楚歌，瓦解楚軍軍心，
協助劉邦徹底打敗了項羽。

陽光彩虹小白馬，滴滴答滴滴答，我是內內個內內……

唱錯了！是鐵血戰馬！來點氣勢好不好？！

韓信在軍隊裡的威信也水漲船高。
因此，劉邦稱帝之後，
越來越擔心這位功高蓋主的將軍。

你聽說了嗎……

什麼？韓信要稱王？

流言蜚語越傳越過分，皇上才不會這麼想呢！

漢王之困固陵，用張良計，召齊王信，遂將
兵會垓下。項羽已破，高祖襲奪齊王軍。
漢五年正月，徙齊王信為楚王，都下邳。
——《史記·淮陰侯列傳》

於是劉邦解除了韓信的兵權，
並將他的封號從楚王降為淮陰侯。

想不到，他會如此
忌憚我的才華。

韓信從此悶悶不樂，
最後因謀反而身死族滅，
開國大功臣就這樣倉促地結束自己的一生。

如果能重來，
我要自己創業！

信曰：「果若人言，『狡兔死，良狗烹；高
鳥盡，良弓藏；敵國破，謀臣亡』。天下已
定，我固當烹！」上曰：「人告公反。」遂械
系信。至雒陽，赦信罪，以為淮陰侯。
　　　　　　　　　——《史記·淮陰侯列傳》

【一飯千金】

韓信少年時經常餓肚子，一位洗衣大娘就把自己的飯分給他。韓信功成名就後，給她送了黃金千兩表示感謝。

【功高震主】

韓信為劉邦奪取天下立下了汗馬功勞，但也因此遭到忌憚，未能善終。

我們自立門戶吧……

【肝膽相照】

韓信的好友曾表示願意拿出肝膽，來證明自己勸說韓信自立為王是真心的。

誰更厲害

像朕能統領多少兵馬？

就你？最多十萬吧。

那你呢？

這個故事裡誕生了一個成語「多多益善」，形容一樣東西越多越好。▼

我這種人才肯定是越多越好。

傳說韓信發明了象棋、風箏，還有一種以蕎麥為原料、要泡水吃的面餅，類似現在的泡麵。▼

你這麼厲害，怎麼還被我逮住了？

歷史神吐槽

韓信

◆ 來自洗衣大娘

一個大丈夫，卻是不能養活自己的可憐蟲

韓信少年時遊手好閒不幹活，窮得不能養活自己，只好在河邊釣魚。附近的洗衣大娘看他可憐，把自己的飯菜分給他吃，一連照顧了他幾十天。韓信十分感激，等到發達後，給大娘送去了千兩黃金。

◆ 來自街頭痞子

大將軍曾鑽過我胯下

韓信曾被一位屠戶當街羞辱「長得高大卻是個膽小鬼」，讓他從自己胯下爬過去。韓信不敢硬拚，只好照做，被恥笑了一番。

◆ 來自魏王豹

臭小子竟然用木桶在我眼皮底下偷渡

韓信曾讓士兵乘坐浮水木桶偷偷渡河，打了魏王一個措手不及。

你說，韓信是會背叛我，還是會**背叛我**呢？

　　韓信戰功赫赫，讓總是打敗仗的劉邦很是忌憚。韓信攻下趙國後，劉邦更慌了，剛逃出楚軍的重圍就直奔他的駐地，趁他還沒起床，闖入臥室拿走兵符，更換他的職務，重整軍隊。韓信醒來後大吃一驚，只好接受安排。

他還挺有情有義的，**發誓不會背叛劉邦**

　　蒯通曾以面相為理由，勸說韓信和劉邦、項羽三分天下。韓信猶豫了許久，最終因為感恩而不願背叛劉邦。

有了反心，不殺了他還能怎麼辦呢？

　　韓信後來怨恨劉邦對自己的打壓，萌生了反叛的念頭。結果還未行動就被人告發，於是蕭何將他騙進宮中處死了。

西漢儒佴學

從復興到獨尊

21

漢初雖然以黃老之學為治國思想，
但叔孫通等儒生已經登上政治舞臺；
直到漢武帝突破重重困難，任用董
仲舒等儒生，儒學才成為正統。

叔孫通

善於見風使舵的儒學大家

叔孫通

出生地

薛縣
（今山東棗莊）

生年

不詳

卒年

不詳

身份

漢朝官員

技能

彬彬有禮

審時度勢

秦朝時叔孫通就因知識淵博，在朝廷裡當官。農民起義爆發後，大臣們都說天下造反了，秦二世胡亥也急得團團轉。叔孫通卻拍馬屁說，現在天下太平，皇帝英明，那些人只是一群偷雞摸狗的盜賊，沒有什麼可擔心的。這話說到秦二世的心坎上，他轉怒為喜，賞賜了叔孫通很多財物，還給他升官。而其他人則因為說了不該說的話，被投入監獄。

叔孫通逃過一劫，立馬投奔項梁的起義軍，後來又跟了劉邦。西漢建立後，他負責制訂宮廷禮儀、祭祀禮儀等，被尊為漢家儒宗。

下一站去哪兒好呢？

原來如此　為了維護皇帝名聲而重建祠堂

漢惠帝為了方便出行，在宮裡修了一座天橋。叔孫通發現天橋建在每月祭祀先帝要經過的通道上方，十分不妥，就偷偷提醒漢惠帝。漢惠帝立馬要拆掉橋。叔孫通卻告訴他不能聲張，以免讓大家知道皇帝做錯了，不如在別的地方再建一座祠堂，既不受天橋影響，還能表明孝心。

讓儒學成為國學的全民老師

罷黜百家

獨尊儒術董仲舒

第一名師

董仲舒

出生地
廣川
（今河北棗強）

生年
西元前 179 年

卒年
西元前 104 年

身份
漢朝官員

技能

董仲舒鑽研《春秋》，在漢景帝時就十分出名。很多人上門求學，他教不完，就讓前輩弟子教授後輩弟子，因此有的學生甚至沒有見過他一面。他一門心思撲在教學和研究上，曾經三年間都沒走進過自家的花園。

漢武帝繼位後，董仲舒向他提出「大一統」、「天人感應」學說和「罷黜百家，獨尊儒術」的主張。但是他很快就遭人嫉妒，被誣陷譏諷朝廷，差點被判處死刑。後來他又被派到為人狠毒的膠西王身邊工作，雖然膠西王因為他素有美名而很敬重他，但董仲舒一直提心吊膽，唯恐遭遇不測，於是辭職回家。他不敢再說災異之事，幹回老本行，繼續鑽研寫作、教書育人。

儒學思想好！

大開眼界　罷黜百家與三綱五常

董仲舒「罷黜百家，獨尊儒術」的主張被漢武帝採納後，儒學成為中國封建社會正統思想，影響長達兩千多年。他提出三綱五常，三綱指「君為臣綱，父為子綱，夫為妻綱」，五常為仁、義、禮、智、信，這些構成一套標準，用來維護社會的倫理道德、政治制度，在漫長的封建社會中起到了極為重要的作用。

皇室禮儀他說了算

叔孫通熟悉文獻典籍，又會寫文章，
曾經是秦朝制禮、議政的顧問。

我真厲害！

後來秦朝滅亡，楚漢相爭，
叔孫通先跟隨項羽，後來又投降了劉邦。

敢欺負我？
讓項羽過來
打你！

老哥，你已經
投降劉邦了。

及項梁之薛，叔孫通從之。敗于定陶，從
懷王。懷王為義帝，徙長沙，叔孫通留事
項王。漢二年，漢王從五諸侯入彭城，叔
孫通降漢王。
　　　　——《史記·劉敬叔孫通列傳》

劉邦向來不喜歡文人，
每次看到叔孫通的儒生打扮，
就覺得很不爽。

關關雎鳩，在河之洲……

嘿嘿。

呸，臭書生。

叔孫通善於察言觀色，
很快換了別的服裝。

您看這樣合適嗎？

這才是臣子該有的樣子。

叔孫通儒服，漢王憎之；乃變其服，服短衣，楚制，漢王喜。
——《史記·劉敬叔孫通列傳》

跟隨叔孫通投降劉邦的
儒家弟子很多，
但叔孫通從來不推薦他們，
反而推薦做過強盜的莽夫。

弟子們很不滿，
經常私底下發牢騷。

叔孫通之降漢，從儒生弟子百餘人，然通
無所言進，專言諸故群盜壯士進之。弟子
皆竊罵曰：「事先生數歲，幸得從降漢，今
不能進臣等，專言大猾，何也？」
——《史記·劉敬叔孫通列傳》

叔孫通聽到後教育他們：
「你們能跟那些莽夫一樣，
上戰場跟人搏鬥嗎？」

先生，我們錯了。

我怎麼忍心讓你們上戰場呢？

劉邦當上皇帝後，
任命叔孫通為博士，
負責擬定各種儀式和稱號。

作為文化人，
起名字什麼的
太簡單了。

叔孫通聞之，乃謂曰：「漢王方蒙矢石爭天下，諸生寧能鬥乎？故先言斬將搴旗之士。諸生且待我，我不忘矣。」
——《史記·劉敬叔孫通列傳》

但過了不久，
劉邦又覺得麻煩，
廢除了繁瑣的禮儀制度。

又叩又跪的，太麻煩了，
免了吧。

吾皇萬歲！

沒想到，
他的臣子大多不懂禮法，
在朝廷上吵吵鬧鬧，
把威嚴的朝堂搞得烏煙瘴氣。

我們來華山
論劍吧！

高帝悉去秦苛儀法，為簡易。群臣飲酒爭
功，醉或妄呼，拔劍擊柱，高帝患之。
——《史記‧劉敬叔孫通列傳》

叔孫通立馬自告奮勇，
要和弟子們一起擬定一套能在朝廷施行的禮儀。

終於有用武
之地了。

我們會拯救
您的！

劉邦答應了，
於是叔孫通安排大家在野外練習禮儀。

他們為啥天
天在這一動
不動的？

天天這樣站著，
好蠢啊。

聽說是練
站姿呢。

叔孫通知上益厭之也，說上曰：「夫儒者
難與進取，可與守成。臣願征魯諸生，與
臣弟子共起朝儀。」……遂與所征三十人
西，及上左右為學者與其弟子百餘人為綿
蕞野外。

——《史記·劉敬叔孫通列傳》

劉邦去現場考察後，
十分滿意，
便下令讓群臣學習。

長樂宮一建完，
劉邦就和叔孫通約定，
在這裡接受文武百官的朝拜。

習之月餘，叔孫通曰：「上可試觀。」上既
觀，使行禮，曰：「吾能為此。」乃令群臣
習肄，會十月。
——《史記·劉敬叔孫通列傳》

一大早，
禮儀人員引導各級官員，
按照尊卑次序排隊。

李大人我先來的，您別插隊啊……

可是我的官位比你大。

大殿裡，
武將依次站在西邊，面向東方；
文官依次站在東邊，面朝西方。

哪有空記恨您呢，您兒子在我手下當差，我還得好好管教呢。

將軍，別來無恙啊，上次參了您一本，不記恨吧？

嗞啦

漢七年，長樂宮成，諸侯群臣皆朝十月。
儀：先平明，謁者治禮，引以次入殿門，廷中陳車騎步卒衛宮，設兵張旗志……功臣列侯諸將軍軍吏以次陳西方，東向；文官丞相以下陳東方，西向。
——《史記·劉敬叔孫通列傳》

劉邦乘著車輦（ㄋㄧㄢˇ）從寢宮出發，
左右侍衛舉起警示旗幟，
提醒旁人注意回避。

真是舒服啊。

回避，肅靜。

等劉邦入殿後，
文武百官按等級次序，
恭敬地向他朝賀。

等了大半天，
終於來了。

我都尿急了。

大行設九賓，臚傳。於是皇帝輦出房，百
官執職傳警，引諸侯王以下至吏六百石以
次奉賀。自諸侯王以下莫不振恐肅敬。
——《史記·劉敬叔孫通列傳》

如果史記這麼帥❺　漢代群英

到了宴席時，
臣子也全都低頭伏身，
向劉邦敬酒。

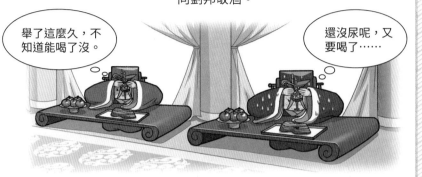

整個過程中，
叔孫通都在一旁監督，
誰不遵循禮儀，
就把他帶到場外。

至禮畢，復置法酒。諸侍坐殿上皆伏抑首，以尊卑次起上壽。觴九行，謁者言「罷酒」。御史執法舉不如儀者輒引去。
——《史記·劉敬叔孫通列傳》

劉邦這才感受到當皇帝的尊貴，
十分感慨。

啊！這就是權力
的感覺。

他將叔孫通提拔為掌管宗廟禮儀的太常，
並賜他大量黃金。

叔孫博士搖身變——
叔孫太常！

竟朝置酒，無敢喧譁失禮者。於是高帝曰：
「吾乃今日知為皇帝之貴也。」乃拜叔孫
通為太常，賜金五百斤。
——《史記·劉敬叔孫通列傳》

叔孫通又為自己的弟子們邀功，
劉邦也答應讓他們做官。

我的弟子們也出了
不少力，能否……

准了。

他還把黃金都賞給弟子們。
他們讚美叔孫通說：
「先生真是個聖人啊，知道在什麼時間該做什麼。」

當初拜他為師真
的不虧啊。

是真金！

叔孫通因進曰：「諸弟子儒生隨臣久矣，
與臣共為儀，願陛下官之。」高帝悉以為
郎。叔孫通出，皆以五百斤金賜諸生。諸
生乃皆喜曰：「叔孫生誠聖人也，知當世
之要務。」
　　　　　　——《史記·劉敬叔孫通列傳》

【不足掛齒】

陳勝、吳廣起義時，秦二世大發雷霆。叔孫通安慰他，作亂的不過是小毛賊，不足掛齒。秦二世這才轉怒為喜。

【攻苦食淡】

叔孫通勸想要廢太子的劉邦：「呂后曾跟陛下患難與共，一起吃清淡寡味的食物，您怎麼能背棄她呢？」

【一諾千金】

漢朝有個特別守信的人叫季布，人們讚美他：「得到黃金千兩，還不如得到季布的一個承諾。」

嚴格的禮儀專家

我要改立太子！

叔孫通幫劉盈保住太子之位，劉盈即位後繼續重用他，讓他完善禮儀制度。▼

大漢禮儀規範大全

以前晉獻公改立寵姬的兒子，導致晉國亂了幾十年，受盡欺負！

秦朝改立了胡亥，幾年後自取滅亡！

叔孫通曾提議採櫻桃用於祭祀，從此流行起在祭拜祖先時進獻果品。▼

這樣你還敢改嗎？！

開個玩笑，開個玩笑。

剛正之臣

折不彎的脊樑

3/

繁榮的時代背後，往往有一批剛直的
大臣。當其他人阿諛奉承時，他們能
堅持獨立的判斷。就算是皇帝，也折
不彎他們的脊樑。

張釋之

出生地
堵陽
（今河南方城）

生年
不詳

卒年
不詳

身份
漢朝官員

技能

秉公執法

剛正不阿

張釋之家境殷實，靠捐錢當了一個騎兵。由於一直沒法升遷，他決定辭職。袁盎將他引薦給了皇帝，於是張釋之得到提拔，經常跟在漢文帝身邊。

一次，張釋之陪漢文帝到皇陵「做研究」，漢文帝擔心以後會有人來盜墓，便提出用堅固的材料建造。其他侍從都唯唯稱是，只有張釋之立馬反對：「要是裡面沒有金銀珠寶，誰想去打開呢？」漢文帝稱讚他說得有道理，提拔他為掌管刑獄的廷尉。張釋之秉公執法，在漢文帝的詔令和法律不一樣時，敢於和他「頂嘴」，當時的人都稱讚他：「張釋之為廷尉，天下無冤民。」

 太子很生氣，後果很嚴重

漢景帝還是太子時，張釋之曾阻止他在皇宮內橫衝直撞，並到漢文帝面前告狀，還驚動了太后，逼得漢文帝承認自己教子無方。「硬頸」的張釋之因此名聲大噪，但也狠狠得罪了太子。漢景帝即位後，張釋之慌了神，從據理力爭的諫臣變成提心吊膽的膽小鬼。一年後，漢景帝秋後算帳，將張釋之貶官，趕出京城。

汲黯

出生地

濮陽
（今河南濮陽）

生年

不詳

卒年

西元前 112 年

身份

漢朝官員

技能

忠言逆耳

耿直公正

　　汲黯十分耿直，屢次向漢武帝進諫，還當面評價他「內心欲望很多，卻裝出愛施展仁義的虛偽模樣」。漢武帝聽煩了就把他趕出京城，讓他去治理東海郡。汲黯體弱多病，於是自己躺在臥室內，選用得力的下屬去辦事。即使這樣，他也將東海郡治理得很好，讓漢武帝又愛又恨。

　　汲黯和人相處時很傲慢，不講究禮數，也不畏懼權貴。當時的宰相田蚡是太后的弟弟，其他官員恭敬地向他行跪拜之禮時，他竟然不還禮。汲黯對此很不爽，見到田蚡也不下拜，只是拱手作揖。後來汲黯因為犯法被免官，於是歸隱田園。

少管我！

那個事情您做得不對，應該⋯⋯

原來如此　連皇上都怕衣冠不整地見到他

　　汲黯從漢武帝是太子時就在他身邊當老師，可能因為太嚴肅了，給漢武帝留下了心理陰影。戰功赫赫的大將軍衛青進宮觀見時，漢武帝吊兒郎當地坐在床邊召見他。但是每次汲黯觀見，漢武帝都要穿戴整齊，正襟危坐地在座位上等他。有一次，汲黯來得突然，漢武帝還沒戴好帽子，只好慌忙躲起來，讓近侍前去傳話。

不為權貴壞法度的大法官

張釋之曾經是宮廷的侍衛，
漢文帝看中他為人公正剛直，
讓他擔任掌管殿門的公車令。

以前看小門，
現在看大門。

一天，太子覲見漢文帝，
經過殿門卻不下車，
違反了宮裡的規定。

什麼東西？

嘿

> 至宮，上拜釋之為公車令。頃之，太子與梁
> 王共車入朝，不下司馬門。
> ——《史記·張釋之馮唐列傳》

張釋之追上去，
阻止他進入殿門，
並立即上報朝廷。

我爸是漢文帝！
你耽誤得起嗎？

天子犯錯與庶民同罪，
超速駕駛，闖殿門，罰
款一千六。

事情鬧得很大，
連太后都知道了。
漢文帝於是向太后請罪，
反省自己教子不嚴。

母后消消氣。
回頭我打那臭
小子一頓！

這孩子日後只怕
無法無天。

捏捏

於是釋之追止太子、梁王無得入殿門。遂
劾不下公門不敬，奏之。薄太后聞之，文
帝免冠謝曰：「教兒子不謹。」
——《史記·張釋之馮唐列傳》

折不彎的脊樑　剛正之臣

053

太后心疼孫子，
親自下詔赦免了太子。

漢文帝因此對張釋之刮目相看，
更加器重他，將他升為廷尉，
掌管國家司法部門。

薄太后乃使使承詔赦太子、梁王，然後得
入。文帝由是奇釋之，拜為中大夫。
——《史記·張釋之馮唐列傳》

有次漢文帝出巡，
一人突然從橋下冒出來，
驚嚇到了皇帝的馬車。

漢文帝立即命令侍衛將他拿下，
交給張釋之處理。

頃之，上行出中渭橋，有一人從橋下走出，
乘輿馬驚。於是使騎捕，屬之廷尉。
　　　　——《史記·張釋之馮唐列傳》

折不彎的脊樑　剛正之臣

犯人解釋說，
自己本來在橋下躲避馬車，
以為已經走遠才出來，
沒想到正巧碰到。

於是張釋之根據法令，
判他違反清道條例，
罰金若干。

釋之治問。曰：「縣人來，聞蹕，匿橋下。
久之，以為行已過，即出，見乘輿車騎，即
走耳。」廷尉奏當，一人犯蹕，當罰金。
——《史記·張釋之馮唐列傳》

漢文帝很不滿意，
認為自己差點受傷，
而犯人卻只交罰金就好。

我漢文帝第一
個不答應！

張釋之趕緊解釋，
如果隨意變更量刑標準，
百姓就不相信法律了。

賠錢就能打發
我？誅九族才
解氣。

我們要依法處理，
不能說殺就殺的。

文帝怒曰：「此人親驚吾馬，吾馬賴柔和，
令他馬，固不敗傷我乎？而廷尉乃當之罰
金！」釋之曰：「法者天子所與天下公共
也。今法如此而更重之，是法不信於民
也……唯陛下察之。」良久，上曰：「廷尉
當是也。」
——《史記·張釋之馮唐列傳》

漢文帝想了很久，
最後才同意了。

又有一次，
盜賊偷了漢高祖廟前供奉的玉環。
漢文帝很生氣，
把他交給廷尉審問。

其後有人盜高廟坐前玉環，捕得，文帝
怒，下廷尉治。
——《史記·張釋之馮唐列傳》

張釋之再次按照法令，
判他斬首示眾。

漢文帝再次對判處結果不滿，
認為犯下這種罪行的人，
應該直接滅族。

折不彎的脊樑　剛正之臣

張釋之只好脫帽下跪，
向文帝請罪：「這已經是最重的處罰了。」

漢文帝還是不同意，張釋之也不讓步，
反問如果有人偷了更嚴重的東西，
要怎麼判決呢？

釋之免冠頓首謝曰：「法如是足也。且罪
等，以逆順為差。今盜宗廟器而族之，
有如萬分之一，假令愚民取長陵一抔土，
陛下何以加其法乎？」
——《史記·張釋之馮唐列傳》

漢文帝跟太后討論了很久，
終於同意張釋之的判決。

那到底讓不讓他
種多肉呢？不過
先帝陵墓上的土
絕對不能挖。

我想不通的是，
肉也能種嗎？這
是什麼品種呢？

促膝 長談

當皇帝的詔令與法令相牴觸時，
張釋之能堅持依法辦事，
當時的人們都稱讚他。

我沒偷你的糖，
你不信就讓張廷
尉來評評理。

哇！奶奶！

哈哈哈，張廷尉
可不管這個。

> 久之，文帝與太后言之，乃許廷尉當……
> 張廷尉由此天下稱之。
> ——《史記·張釋之馮唐列傳》

【秉公執法】

張釋之完全按照法律辦案，就算違背皇帝的決定，也堅持自己的判斷。

【後來居上】

汲黯看到別人的官位超過了自己，於是抱怨漢武帝用人就像堆木柴，後來的木柴反而放在上面。

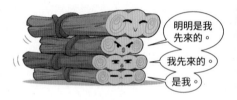

明明是我先來的。

我先來的。

是我。

別念了……別念了……

【直言進諫】

汲黯因為直言而多次惹怒漢武帝，但他堅持認為，皇上不需要阿諛奉承，而需要人輔佐他走正道。

【面折人過】

汲黯有時十分刻薄，會當面指責別人，容不得別人犯錯。

【重足而立】

曾有人想把法律改得更嚴苛，汲黯不認同，認為這只會使人害怕得把腳重疊站立，一步都不敢走。

【門可羅雀】

司馬遷嘆惜汲黯的遭遇，說他失勢時，門前的人流車馬都消失不見，空蕩得可以張網捕捉小雀。

亡國之亂

皇權爭奪大戰

41

建國之初，劉邦大封同姓為王。這本來是鞏固帝國統一的措施，卻導致藩國勢力過強，帶來了「七國之亂」。

包藏禍心的劉邦佳子

三國演

野心不足蛇吞象

劉濞 ㄅㄧˋ

出生地

泗水郡沛縣
（今江蘇徐州）

生 年

西元前 215 年

卒 年

西元前 154 年

身 份

漢朝諸侯王

技 能

反叛之心

　　劉濞是劉邦的侄子，他剽悍勇猛，年紀輕輕就跟隨劉邦討伐叛臣，被立為吳王，統轄三郡五十三城。他的封地物產豐饒，坐擁銅山和鹽礦。劉濞招募很多亡命之徒偷偷鑄錢幣，煮海水製鹽，國庫十分充盈。

　　後來，劉濞因為兒子被太子誤殺，稱病不再上朝，私下準備謀反。漢文帝可憐他年老，不願懲罰他，還准許他不用進京朝見。劉濞於是暫停了謀反活動，但是更加驕橫了。漢景帝即位後，聽從大臣晁錯的建議，削弱藩國勢力。劉濞再也按捺不住，率先起兵，聯合其他六個諸侯王，以「清君側」為名發動叛亂。但叛亂在三個月內就被平定了，劉濞也兵敗身死。

此行必勝！

您有多少把握取得勝利？

原來如此　兵敗真的要怪自己沒眼光

　　吳國的軍事實力不弱，但劉濞失敗可能是因為沒啥戰略眼光。剛起兵時，他手下的大將提議自己帶五萬軍隊，從另一路出其不意地打出去，佔領戰略要地武關。但劉濞不放心把軍隊交給外人，拒絕了。又有一位年輕將軍建議他利用己方的作戰優勢，徑直攻向洛陽佔領武器庫，但遭到其他老將軍的反對，劉濞也就沒有採納。

耿直忠誠，卻用公權殺宿敵

袁盎

敢於直諫

袁盎

出生地

漢初楚國
（今河南淮陽）

生年

不詳

卒年

西元前 148 年

身份

漢朝官員

技能

左右逢源

漢文帝時，袁盎經哥哥推舉做了官。他總是有話直說，因此常常得罪人。開國元勳周勃是擁立漢文帝的功臣，當了丞相後十分得意，而漢文帝對他也非常尊敬，經常親自送他下朝。袁盎就勸說漢文帝，不能喪失君臣之禮。漢文帝從此威嚴起來，周勃也不敢失禮，但因此記恨袁盎。後來周勃被人誣告謀反，關進監獄。朝中只有袁盎敢為他澄清。周勃很感動，兩人結為至交。

漢文帝總被袁盎說教，時間久了就很煩他，將他派去外面做官。晁錯曾查出他接受吳王的財物，將他貶為平民，於是七國之亂時，袁盎建議斬殺晁錯以平息戰火。後來他因反對立梁王為儲君，被刺客暗殺。

大開眼界 平時還是要多「積陰德」

晁錯被殺後，袁盎被漢景帝派去打探吳王的口風。吳王打算任命他為叛軍將領，袁盎不肯。吳王便將他囚禁，想殺了他。然而，看守袁盎的士兵中，有一個人曾經是他的屬下，因犯錯後得到他的寬恕，撿回一條命，十分感激他。這個人知恩圖報，趁著夜色灌醉了守城的士兵，割開營帳，放袁盎逃了出去。

晁錯

努力打工，卻引來殺身之禍

晁錯

出生地

潁川
（今河南禹州）

生年

約西元前 200 年

卒年

西元前 154 年

身份

漢朝官員

技能

賢良對策

力主削藩

　　晁錯博學多識，能言善辯，被漢文帝派去輔佐太子，深受喜愛和信任，太子稱讚他為「智囊」。但很多大臣都不喜歡他。

　　漢景帝即位後，繼續重用晁錯，常常和他單獨討論政事。晁錯被提拔為御史大夫，上書請求削減各諸侯國的封地。沒有大臣敢反對他，只有竇嬰和他爭辯，但漢景帝最後採納了晁錯的建議。這下可捅了馬蜂窩，諸侯王紛紛打著「清君側」的名義起兵反叛，七國之亂爆發。漢景帝慌了，情急之下聽了袁盎的話，決定殺掉晁錯來平息叛亂。倒楣的晁錯還以為漢景帝召他進宮議事，穿著朝服就趕過去，結果馬車經過長安東市時，他直接被拉下車處刑了。

終究是錯付了。

原來如此　機智回擊官場老油條的惡意告狀

　　晁錯深受漢景帝寵信，這讓丞相申屠嘉很不爽。聽聞晁錯破壞太廟的圍牆來方便自己出入辦公，丞相就寫了個奏章，想跟皇上打小報告。晁錯提前得知消息，連夜去和漢景帝解釋，說自己只鑿了廟外空地上的圍牆，導致丞相上奏時，被漢景帝當眾「打臉」。沒有調查清楚的丞相不僅沒能拉晁錯下馬，還當眾丟臉，十分後悔。

來勢洶洶的七國之亂

劉濞年輕時跟隨劉邦討伐叛軍，
因此被封為吳王。
當時劉邦就覺得他有反叛之相。

就沒有我拿不下的。

這六親不認的步伐，不得了。

吳王在封地內製鹽鑄錢，
錢袋子很快就鼓鼓的。

這都是本王的功勞。

鹽山

錢山

> 吳有豫章郡銅山，濞則招致天下亡命者盜
> 鑄錢，煮海水為鹽，以故無賦，國用富饒。
> ——《史記·吳王濞列傳》

他不僅不收稅，
還時不時發放補貼，
百姓們都很支持他。

今天送了兩
袋大米。

給吳王按讚！

然而，
吳王家的小屁孩和皇太子下棋時亂發脾氣，
被比他更屁的皇太子一不小心打死了。

孝文時，吳太子入見，得侍皇太子飲博。
吳太子師傅皆楚人，輕悍，又素驕，博，爭
道，不恭，皇太子引博局提吳太子，殺之。
——《史記·吳王濞列傳》

痛失愛子的吳王
氣得裝病不去京城朝拜。
漢文帝也不是好敷衍的，
將他的手下拘留治罪。

由不得你！

我不去，我是
真的病了。

吳王乾脆一不做二不休，
加緊了謀反的步伐。

反抗者聯盟

大家把方案
提交一下。

W 方案一

W 方案二

吳王由此稍失藩臣之禮，稱病不朝。京師
知其以子故稱病不朝，驗問實不病，諸吳
使來，輒系責治之。吳王恐，為謀滋甚。
——《史記·吳王濞列傳》

不久，漢文帝心軟了，
不再怪罪他，
吳王也見好就收。

堂哥啊，有
空常來京城
玩哦。

而輔佐太子的晁錯
卻覺得危機四伏，
多次提議削減諸侯國的封地，
但漢文帝都不為所動。

晁錯為太子家令，得幸太子，數從容言吳
過可削。數上書說孝文帝，文帝寬，不忍
罰，以此吳日益橫。
——《史記·吳王濞列傳》

晁錯只好轉而告誡太子。
於是景帝即位後，
不斷找藉口削減諸侯國的封地。

皇上，這是剛
拿回的封地。

這下諸侯國不幹了。
在吳王的攛掇下，
七個諸侯國聯合發動叛變，史稱「七國之亂」。

及孝景帝即位，錯為御史大夫，說上曰：
「……削之，其反亟，禍小；不削，反遲，
禍大。」……因削吳之豫章郡、會稽郡。及
前二年趙王有罪，削其河間郡。膠西王卬
以賣爵有奸，削其六縣。
　　　　　　　　　　　——《史記·吳王濞列傳》

已經六十二歲的吳王帶著
只有十四歲的小兒子上了戰場，
並命令全國適齡男子應徵，
總共調集了二十多萬人。

兒子，走快點。

吳王還開出了極為優厚的條件，
鼓勵大家英勇殺敵。

及削吳會稽、豫章郡書至，則吳王先起
兵⋯⋯下令國中曰：「寡人年六十二，身自
將。少子年十四，亦為士卒先。諸年上與
寡人比，下與少子等者，皆發。」發二十餘
萬人。

　　　　　　　——《史記·吳王濞列傳》

收到叛亂的消息後，
晁錯懷疑吳王以前的下屬袁盎
在其中推波助瀾，
便將他推出來背鍋。

袁盎和晁錯一向不合，
連忙到景帝面前辯解。

吳楚反，聞，晁錯謂丞史曰：「夫袁盎多受
吳王金錢，專為蔽匿，言不反。今果反，欲
請治盎宜知計謀。」
——《史記·袁盎晁錯列傳》

他請景帝屏退晁錯後，
勸景帝殺了他，
並恢復諸侯國被削減的封地，
兵不血刃地解決叛亂。

漢景帝權衡許久，
最終命人將晁錯騙到東市殺掉。

晁錯在前，及盎請辟人賜間，錯去，固恨
甚。袁盎具言吳所以反狀，以錯故，獨急
斬錯以謝吳，吳兵乃可罷。
——《史記·袁盎晁錯列傳》

袁盎被派去和叛軍談判，
但是吳王不僅無視他，還將他們一行人扣留囚禁，
袁盎根本沒有機會勸說他。

吳王起兵以來，總是一意孤行，剛愎自用，
還沒開打就提前授予手下官職。
因此吳軍很快就被周亞夫擊潰了。

我可是未來
的將軍！

吳王聞袁盎來，亦知其欲說己，笑而應曰：
「我已為東帝，尚何誰拜？」不肯見盎而留
之軍中，欲劫使將。盎不肯，使人圍守，且
殺之，盎得夜出，步亡去，走梁軍，遂歸報。
——《史記·吳王濞列傳》

吳王逃到東越準備東山再起，
結果被收了朝廷好處的東越人刺殺了。

其他作亂的諸侯國有的戰敗，
有的歸順。
朝廷僅用三個月時間，
就平定了這場叛亂。

漢使人以利啖東越，東越即給吳王，吳王
出勞軍，即使人鏦殺吳王，盛其頭，馳傳
以聞……初，吳王首反，並將楚兵，連齊
趙。正月起兵，三月皆破，獨趙後下。
　　　　　　　　　——《史記·吳王濞列傳》

【目不交睫】

太后患病三年，漢文帝不曾合眼，也沒有脫下衣服睡個安穩覺，連藥都先親口嘗過再餵給她。

【鬥雞走狗】

袁盎因病免官、閒居在家時，常與鄉人一起混日子，跟他們玩鬥雞、賽狗的遊戲。

打起來。

打起來。

下一位。

【悔過自新】

漢文帝對劉濞十分寬厚，總是不忍心處罰他，希望他能好好悔過，不要搞事。

「心機男」漢景帝

削藩？是晁錯建議的啊。

漢武帝頒佈推恩令，將諸侯國的土地越分越小，他們對中央的威脅也越來越小。▼

誅殺晁錯？是袁盎建議的啊。

劉濞堂叔死了？他造反了我有什麼辦法嗚嗚……

漢武帝還以各諸侯獻上來的黃金成色不足為藉口，奪走他們的爵位，收回封地。▼

不合格。快滾！

0.01

……

唉！與我無關啊與我無關。

外戚集團

靠關係爭權奪勢

5/

漢武帝剛即位時，受到太皇太后勢
力和太后勢力的束縛，這些外戚集
團拉幫結派，試圖掌控政權，把朝
廷攪得很不太平。

賈興

坦率正直，卻因講義氣喪命

官海浮沉

竇嬰
ㄉ一ㄡ ㄠ

出生地

觀津
（今河北衡水）

生年

不詳

卒年

西元前 131 年

身份

漢朝將領、
丞相

技能

上書陳情

竇嬰是竇太后的侄子，曾擔任皇后的「私人管家」。有次漢景帝喝醉了，竟許諾將皇位傳給弟弟梁孝王。竇太后很寵愛小兒子梁孝王，於是很高興。但竇嬰卻覺得不合規矩，立馬勸阻。竇太后由此記恨他，竇嬰也嫌官職太小不幹了。

七國之亂時，漢景帝急需用人，便召來竇嬰，封他為大將軍，賞賜黃金千斤。竇嬰推薦了很多能士，還把黃金都賞給將士們。叛亂平定後，他被封為魏其侯，一時權傾朝野，很多人都爭相歸附他。栗太子被廢時，擔任他老師的竇嬰爭辯無果，辭職隱居，經人勸說後才回朝。漢景帝因此覺得他驕傲自滿，難當重任。後來漢武帝繼位，王太后一族崛起，就更沒竇嬰什麼事了。

人生就是起起落落起起落落落落。

 以為能救命的遺詔竟然是假的！

竇嬰失勢後，朝中的同事對他很不尊重。他的老朋友灌夫為他出頭，大鬧丞相田蚡的婚宴，結果被囚禁下獄。竇嬰想救灌夫，就拿出一道據說是漢景帝臨終前留下的遺詔，上面寫著「遇到緊急事件，允許他便宜行事」。但這份遺詔在皇宮內沒有檔案記錄，被認定是假的。於是竇嬰不但沒救到人，還惹禍上身。

權天

戰場勇猛，卻愛耍酒瘋的衝動鬼

醉酒誤事

七國之亂時，灌夫率領一千人隨父從軍，英勇作戰，立下軍功，被封為中郎將。但幾個月後他就因為犯法丟了官職。漢武帝時，他被調去當淮陽太守。灌夫沒啥別的愛好，就愛喝點小酒，一喝酒就耍酒瘋，連竇太后的兄弟都敢打。漢武帝怕太后殺了灌夫，讓他躲得遠遠的，到燕國當國相。幾年後，他又因犯法丟了官，在長安閒居。

灌夫為人剛強直爽，不喜歡奉承別人。對那些地位比自己低的人能平等相待，對那些地位比自己高的人反而不夠尊重。他家境富裕，養了很多門客，但失去權勢後，門客也跑光了。灌夫於是和同樣失勢的竇嬰結交，想以此提高自己的名聲。

灌夫

出生地

潁陰
（今河南許昌）

生年

不詳

卒年

西元前131年

身份

漢朝官員

技能

酒後狂言

原來如此 他竟然縱容族人橫行鄉里

灌夫一身江湖做派，結交了很多奸猾之人，還任由他們和族人在鄉里霸佔農田，欺壓百姓，擴張勢力，發展成了臭名昭著的黑惡勢力。當地甚至流傳著一首童謠：「潁水清清，灌氏安寧；潁水渾濁，灌氏滅族。」後來灌夫惹惱丞相田蚡，朝廷派人追查他的罪行，將整個灌氏家族連根拔起，全部處決。

仗勢欺人，終究害己的皇帝親戚

田蚡

德不配位

田蚡 ㄈㄣ´

出生地
長陵
（今陝西咸陽）

生年
不詳

卒年
西元前 130 年

身份
漢朝丞相

技能

趨炎附勢

田蚡是漢景帝的王皇后的弟弟。他相貌醜陋，但善於言辭。竇嬰掌權時，田蚡對他畢恭畢敬，像子孫一樣在他面前跪拜伺候。漢武帝登基後，封他為武安侯，還讓他當了丞相。田蚡從此獨斷專橫，連漢武帝都要讓他三分。他還修建很多豪華的住宅，四處搜羅寶物，很多人跑來依附他，給他送禮。

田蚡想到早年在竇嬰手下的經歷就氣不順，經常找他麻煩。灌夫為了替竇嬰出頭，喝醉酒大鬧田蚡的婚宴，被下獄處置。竇嬰怒而揭發田蚡與有反叛之心的淮南王來往，田蚡心生怨恨，更加針對他。後來，竇嬰因「偽造遺詔」被斬首。次年，田蚡也病倒了，昏迷中大呼謝罪，最後不治身亡。

從前對我愛搭不理，現在我讓你高攀不起。

竇嬰來看望您。

原來如此　田丞相放了誰的鴿子？

田蚡得勢後，灌夫去拜訪他，聽說他想要一起去拜訪竇嬰，就通知了竇嬰。竇嬰和夫人連夜打掃房子，準備酒宴，一直忙到天亮。結果等到中午田蚡都沒有來。灌夫趕到田蚡府中，發現他還在睡覺，原來拜訪竇嬰的事只是他隨口一提的玩笑，早就忘了。田蚡裝作驚訝地道歉，駕車前往竇府，但又走得很慢，灌夫就更加生氣了。

外戚相爭，武帝得利

漢武帝登基時才十六歲，
朝政大權主要握在竇太后手上。

去一邊玩吧。

竇太后的姪子竇嬰曾立過戰功，
被封為魏其侯，竇家也風光了很長時間。

走上人生巔峰

竇嬰守滎陽，監齊趙兵。七國兵已盡破，
封嬰為魏其侯。諸游士賓客爭歸魏其侯。
孝景時每朝議大事，條侯、魏其侯，諸列
侯莫敢與亢禮。
——《史記·魏其武安侯列傳》

等到竇太后去世，
竇家漸漸失去權勢，
追隨的賓客也紛紛離去。

陪在竇嬰身邊的只剩下灌夫，
兩人互相依靠，
惺惺相惜。

魏其失竇太后，益疏不用，無勢，諸客稍
稍自引而怠傲，唯灌將軍獨不失故。魏其
日默默不得志，而獨厚遇灌將軍。
——《史記‧魏其武安侯列傳》

另一邊，
剛脫離竇太后壓制的漢武帝，
又受制於母親王太后。
她的弟弟田蚡當了丞相。

舅舅來幫
你啦。

田蚡也沒把漢武帝放在眼裡，
經常安排自己的人當官，
還想霸佔官署的地建自己的住宅。
於是漢武帝看他越來越不順眼。

外甥聽
我的。

握住!

蚡

以武安侯蚡為丞相……當是時，丞相入奏
事，坐語移日，所言皆聽。薦人或起家至
二千石，權移主上。
——《史記·魏其武安侯列傳》

田蚡以前巴結過竇嬰，
對他恭敬得像是子孫一樣。

現在兩人地位顛倒，
田蚡經常仗勢欺人，
兩人因此結下樑子。

魏其已為大將軍後，方盛，蚡為諸郎，未
貴，往來侍酒魏其，跪起如子姓。及孝景晚
節，蚡益貴幸，為太中大夫⋯⋯卑下賓客，
進名士家居者貴之，欲以傾魏其諸將相。
　　　　　　　　——《史記·魏其武安侯列傳》

田蚡大婚時，
太后讓皇室和大臣們都去祝賀。
灌夫也被竇嬰拉著一起去了。

俺不去！！

跟我去看看他
有多神氣！

席間，田蚡起身敬酒，
所有人趕忙表示不敢當。
等到竇嬰為大家敬酒時，
卻只有寥寥幾人回應。

敬大家，
放開吃。

敬大家……

飲酒酣，武安起為壽，坐皆避席伏。已魏
其侯為壽，獨故人避席耳，餘半膝席。
——《史記·魏其武安侯列傳》

灌夫看著這些趨炎附勢的人，
氣不打一處來，
借著酒勁將他們責罵了一頓，
大鬧會場。

這群勢利眼！

田蚡十分生氣，
命人將灌夫扣留起來。

不信治不
了你。

夾！

灌夫不悅。起行酒，至武安，武安膝席曰：
「不能滿觴。」夫怒，因嘻笑曰：「將軍貴
人也，屬之！」時武安不肯……魏其侯去，
麾灌夫出。武安遂怒曰：「此吾驕灌夫
罪。」乃令騎留灌夫。
——《史記·魏其武安侯列傳》

竇嬰趕緊勸灌夫道歉，
灌夫梗著脖子堅決不肯。
於是田蚡以「不敬」等罪名，將灌夫囚禁治罪。

作為灌夫的死黨，
竇嬰立馬上書向漢武帝陳情，
展開營救行動。

魏其銳身為救灌夫。夫人諫魏其曰：「灌將軍得罪丞相，與太后家忤，寧可救邪？」魏其侯曰：「侯自我得之，自我捐之，無所恨。且終不令灌仲孺獨死，嬰獨生。」乃匿其家，竊出上書。
——《史記·魏其武安侯列傳》

如果史記這麼帥❺ 漢代群英

看到兩大外戚勢力鬧得不可開交，
漢武帝暗喜，
命他們在朝會上公開辯論。

竇嬰極力稱讚灌夫的長處，
田蚡則指責他大逆不道。
結果竇嬰落了下風，只好轉而攻擊田蚡。

上然之，賜魏其食，曰：「東朝廷辯之。」
魏其之東朝，盛推灌夫之善，言其醉飽得
過，乃丞相以他事誣罪之。武安又盛毀灌
夫所為橫恣，罪逆不道。魏其度不可奈
何，因言丞相短。
　　　　　　──《史記·魏其武安侯列傳》

漢武帝讓大臣們一起評評理，
但因為兩邊都是皇室親戚，
沒有人敢公開表示支持誰。

漢武帝又派御史追查灌夫，
挖出他的親戚橫行鄉里的「黑料」，
於是處死了他全族。
竇嬰也被連累斬首。

五年十月，悉論灌夫及家屬。魏其良久乃
聞，聞即恚，病痱，不食欲死。或聞上無意
殺魏其，魏其復食，治病，議定不死矣。乃
有蜚語為惡言聞上，故以十二月晦論棄市
渭城。

——《史記·魏其武安侯列傳》

而田蚡不久後得了重病，
經常說胡話，
最後因受到驚嚇而一命嗚呼。

漢武帝終於將外戚勢力剷除乾淨，
牢牢掌握住了皇權。

其春，武安侯病，專呼服謝罪。使巫視鬼者
視之，見魏其、灌夫共守，欲殺之。竟死。
——《史記·魏其武安侯列傳》

【趨炎附勢】

竇嬰是竇太后的堂姪，得勢時很多人都爭相歸附他。後來竇太后去世，王太后家得勢，這些人又去依附田蚡。

【不值一錢】

灌夫在宴會上向一位官員敬酒卻被忽視，氣得揭穿他平時在背後說別人「才能連一文錢都不值」的壞話。

【流言蜚語】

漢武帝本來不想殺竇嬰，但有人散佈了很多誹謗竇嬰的話，所以最後還是將他斬首了。

帶不動的豬隊友

竇家失勢後，本以為能悠閒養老。

西漢時，皇帝的母族或妻族有時權勢過大，甚至能干涉朝政，威脅到皇帝的權力。▼

沒想到灌夫那個傻瓜，不僅硬拉田丞相來我家做客，甩臉色給他看，還罵人家！

阿嚏！

甚至大鬧人家的婚宴！為了救他我連命都搭進去了！

阿嚏！

東漢很多皇帝英年早逝，繼位皇帝年齡就更小了，只能由太后臨朝聽政，外戚專權現象就更嚴重。▼

豬隊友真的帶不動啊帶不動！

哥們兒需要紙巾嗎？正好我感冒有帶。

漢武帝與外戚集團鬥智鬥勇

漢武帝

對付他們我有的是招！

戰鬥值 +20 ↑
防禦值 +40 ↑

竇太后

進攻 →

寶嬰

← 進攻

>>>

第一回合

竇太后是漢武帝的奶奶，不允許他推行新政、宣揚儒學，還支持自己的姪子竇嬰做了丞相。年少的漢武帝不敢頂撞，只能隱忍，直到竇太后去世後才漸漸不待見竇家。

王太后是漢武帝的母后，她的弟弟田蚡也被安排上丞相之位，經常對皇帝指手畫腳。漢武帝利用田蚡和竇嬰的矛盾，讓他們互相爭鬥，最後雙雙身死。

第二回合

王太后

田蚡

進攻

戰鬥值 +50 ↑
防禦值 +30 ↑

衛子夫

衛青

霍去病

進攻

外戚剋星

戰鬥值
100
防禦值
100

戰鬥值 +30 ↑
防禦值 +30 ↑

第三回合

衛子夫以歌女身份被漢武帝看中，受寵後成為皇后。她的弟弟衛青和外甥霍去病也因打擊匈奴有功，十分受寵。但漢武帝很警惕，從不讓他們干涉朝政。

漢朝名將

將軍墓如山

抗擊匈奴，是漢武帝一生中輝煌的篇章之一。漢軍的勝利離不開李廣、衛青、霍去病這幾位將軍。漢武帝尤其器重衛、霍，將兩人的墓修築得像山一樣宏偉連綿。

未能封侯的悲情「飛將軍」

李廣

龍城飛將

漢文帝時，李廣就從軍抗擊匈奴，戰功卓著。他曾隨皇帝出行，衝鋒陷陣，十分英勇，漢文帝不禁感慨：「要是在漢高祖的年代，給你封個萬戶侯還不是輕而易舉的事！」

等到漢景帝和漢武帝時，匈奴大舉入侵，李廣經常和他們交戰。匈奴很少在他手下討到便宜，給他起了個外號叫「飛將軍」，一直躲著他。李廣帶兵時，怎麼方便怎麼來，對士兵也十分寬厚仁慈，缺水斷糧時都優先讓士兵們喝到水、吃上飯。所以士兵們很愛戴他，樂於為他效力。但後來，衛、霍崛起，而李廣年事已高，對戰匈奴時不是戰敗被俘後逃脫，就是苦戰無功、功過相抵，以致他一直不能封侯。

李廣

出生地
隴西成紀
（今甘肅秦安）

生年
不詳

卒年
西元前 119 年

身份
漢朝將領

技能
沒金飲羽

飛將軍來了！

麵

大開眼界　箭術再好也抵不上他的騷操作

李廣的家族世代傳習射箭之術，他本人又身材高大，兩臂如猿，天賦異稟。有次外出打獵，他朝草叢中的老虎射箭，走近一看才發現是石頭，而箭頭已經射進石頭裡。他仗著本領高，常常衝在前線，還要求自己百發百中，總是等敵人離自己很近時才射箭，結果反而經常被敵軍圍困。

馳騁沙場卻溫順謙恭的武將

衛青

衛青

出生地
河東平陽
（今山西臨汾）

生年
不詳

卒年
西元前106年

身份
漢朝將領

技能

護國鐵騎

七戰七捷

衛青的母親是平陽公主的女奴，她和小吏私通生下衛青。從小衛青就被當做奴僕隨意驅使，直到長大後當上騎兵，經常跟隨平陽公主。衛青有個同母異父的姊姊衛子夫，得到漢武帝的寵幸，他也有幸受到賞識，被提拔到皇帝身邊當官。

匈奴大舉入侵時，衛青領著一萬騎兵討伐匈奴，首戰告捷。還有一次匈奴小看漢軍，在夜裡飲酒狂歡，被衛青率軍包了「餃子」，虜獲戰俘一萬多人和牲畜千百萬頭，大勝而歸。漢武帝喜出望外，派出使者在邊境拜衛青為大將軍，指揮全部軍隊。在與匈奴的對戰中，衛青無一敗績，七戰七捷，收復許多失地，為漢王朝立下了赫赫戰功。

一個能打的都沒有。

原來如此 **大將軍不光會打仗，還高情商！**

衛子夫雖然當上了皇后，但漢武帝後來又寵倖王夫人。那段時間漢軍討伐匈奴的戰績一般，但衛青仍然受到賞賜，食邑萬戶，連三個兒子都封了侯。於是衛青聽從別人的建議，拿出重金給王夫人的雙親辦了隆重的壽宴，免得漢武帝對他的家族猜忌過深。

少年將軍

霍去病

出生地
河東平陽
（今山西臨汾）

生年
西元前 140 年

卒年
西元前 117 年

身份
漢朝將領

技能

封狼居胥

霍去病是衛青的外甥，善於騎馬射箭，受到漢武帝的寵愛，十八歲就做了侍中。有次跟著大將軍衛青出征，他僅帶著八百名精兵，就拋開大軍幾百里，抓住有利時機擊殺敵人，一戰成名，被封為冠軍侯。

三年後，霍去病擔任驃騎將軍，率領一萬騎兵出擊匈奴，斬獲軍功。後來又深入到祁連山中，俘獲了很多敵人。他有健壯的馬匹和士兵，運氣又好，經常大敗匈奴。匈奴的渾邪王於是想投降，漢武帝怕他們詐降，命霍去病過去迎接。匈奴一見漢軍，不少人又臨時變卦逃跑了。霍去病立馬上前追趕，押著渾邪王和投降的幾萬匈奴回來覆命。

漢武帝因而更加寵信霍去病。然而，霍去病在二十幾歲就英年早逝，漢武帝再次西征匈奴的計畫也就此擱置了。

你知道嗎？ 不愛惜士兵的將軍

霍去病身份顯貴，不知體貼士兵。他打仗時，漢武帝派人送來幾十車食物，等他返回時，很多肉都被丟掉了，卻有不少士兵在挨餓。有的士兵餓得站都站不起來，霍去病仍只顧著自己踢足球玩樂。但即使這樣，他帶領的軍隊也是最強的。

你們也太弱了吧！

10—0

少年戰神，是運氣更是實力

霍去病出身卑賤，
他的母親只是婢女，
和小吏私通後生下了他。

他的父親冷漠無情，
既不跟他的母親聯繫，
也不認這個兒子。

按理來說，
霍去病將跟府裡的奴僕們一起幹活，
終生被視為下等人。

但幸運女神眷顧了他：
他的姨媽衛子夫當上了皇后，
霍去病也搖身一變，
成了皇親國戚。

建元二年春，青姊子夫得入宮幸上……元
朔元年春，衛夫人有男，立為皇后。
——《史記·衛將軍驃騎列傳》

霍去病從此開始學武,
尤其愛好騎射。

再來!站直一點!

少爺,我不行了⋯⋯

漢武帝看著他長大,
對他十分喜愛,
讓他擔任保衛皇帝安全的侍中。

危險,站我後面!

我覺得你更危險⋯⋯

是歲也,大將軍姊子霍去病年十八,幸,
為天子侍中。

——《史記·衛將軍驃騎列傳》

漢武帝想親自教他《孫子兵法》，
霍去病卻認為兵法講究隨機應變，
不能拘泥於古人的兵書。

不要它覺得，
我要我覺得。

嗯！

霍去病十八歲的時候，
就跟隨舅舅衛青征戰匈奴。

是時候展現真
正的技術了！

真是初生牛
犢不怕虎。

鏘！

天子嘗欲教之孫吳兵法，對曰：「顧方略
何如耳，不至學古兵法。」
——《史記·衛將軍驃騎列傳》

衛青率領的主力部隊首戰不利，
而霍去病率領八百精兵深入敵區，
運氣爆棚地找到了匈奴的老巢。

在這次戰鬥中，
他殺敵兩千餘人，
還俘虜了匈奴的多位高官。

善騎射，再從大將軍，受詔與壯士，為剽
姚校尉。與輕勇騎八百直棄大軍數百里赴
利，斬捕首虜過當。
——《史記‧衛將軍驃騎列傳》

如果史記這麼帥❺ 漢代群英

霍去病一上戰場，
就斬獲了最大的功績。
漢武帝非常驚喜，
當即封他為「冠軍侯」。

後來漢軍又兩次出兵河西，
但不是中了匈奴的埋伏，
就是在途中找不著北。

於是天子曰：「剽姚校尉去病斬首虜二千
二十八級，及相國、當戶，斬單于大父行籍
若侯產，生捕季父羅姑比，再冠軍，以千
六百戶封去病為冠軍侯。」
——《史記·衛將軍驃騎列傳》

而霍去病不僅沒被圍困，
還又一次找到匈奴首領的營地，
對他們發起了猛攻。

霍去病成了河西遠征中唯一立下戰功的將領，
為漢朝奪回祁連山的控制權，
同時也讓匈奴聞風喪膽。

其夏，驃騎將軍與合騎侯敖俱出北地，異
道……而驃騎將軍出北地，已遂深入，與
合騎侯失道，不相得，驃騎將軍逾居延至
祁連山，捕首虜甚多。

——《史記·衛將軍驃騎列傳》

霍去病二十二歲那年，
再次跟舅舅衛青聯手，
一同遠征漠北。

讓我領隊，保
你安然無恙。

臭小子！

他把匈奴殺退到狼居胥山，
並在此地舉行祭天儀式，
證明自己不是只靠運氣的將軍。

驃騎將軍去病率師……涉獲章渠，以誅比
車耆，轉擊左大將，斬獲旗鼓，歷涉離
侯。濟弓閭，獲屯頭王、韓王等三人，將
軍、相國、當戶、都尉八十三人，封狼居胥
山，禪於姑衍，登臨翰海。
　　　　　　——《史記・衛將軍驃騎列傳》

「封狼居胥」一詞也由此誕生，
比喻建立赫赫戰功。
後世的武將無不把它當作一生的追求。

不想當將軍的士兵不是好士兵。

少做夢！快洗碗！

霍去病為國家立下了汗馬功勞，
漢武帝送給他一座豪華的府邸，
霍去病卻拒絕入住。

我剛付完尾款，你說不要就不要了？

等我滅了匈奴，再給我個大房子吧！

天子為治第，令驃騎視之，對曰：「匈奴未
滅，無以家為也。」由此上益重愛之。
——《史記·衛將軍驃騎列傳》

可惜的是，
霍去病不久就患病去世了。

哇！怎麼說走
就走了呢？

稀哩嘩啦

漢武帝很悲痛，
不僅為他舉辦了隆重的葬禮，
還下令把他的墳墓修得跟祁連山一樣，
以此紀念這位偉大的英雄。

爺爺，我看到
祁連山啦！

那……是霍將軍
的墓啊。

驃騎將軍自四年軍後三年，元狩六年而
卒。天子悼之，發屬國玄甲軍，陳自長安
至茂陵，為塚象祁連山。
　　　　　　　——《史記·衛將軍驃騎列傳》

123

【不甘後人】

李廣自認為才能不比他人差，立戰功也不甘心落後，但總是事與願違。

【對簿公堂】

李廣在最後一戰中，迷路耽誤了戰事。他主動去大將軍衛青那兒接受審問。

【桃李不言，下自成蹊】

司馬遷評價李廣雖不會誇耀自己，但去世時大家都為他悲痛，就像桃李因果實鮮美，會吸引人到樹下來一樣。

詞語大富翁

「開掛」的霍去病

傳說有次霍去病被困沙漠，士兵們缺水生病，戰馬卻安然無恙。於是他們將馬吃的草熬藥服下，結果藥到病除。這就是車前草的由來。▼

霍去病的弟弟霍光後來也成為漢武帝的得力助手，還輔佐了八歲的漢昭帝。▼

> 怎麼啥都沒有？

> 這遊戲真簡單。
> 臭小子玩遊戲運氣都這麼好！

> 你行啊你！

秦漢和匈奴的激烈交鋒

古代中原政權和匈奴時常發生紛爭，由此引發了許多戰事。

西元前 200 年

匈奴捲土重來，劉邦被困白登山，最終被陳平的計謀所救。

西元前 215 年

秦始皇命蒙恬率 30 萬大軍猛擊匈奴，取得大勝。

西元前 127 年

河南戰役，漢武帝命衛青率軍北擊匈奴，收復河南地區。

西元前 133 年

馬邑之圍，漢軍引誘匈奴進攻馬邑，未成功。此後漢朝結束「和親」政策，拉開兩方大規模戰爭的序幕。

漢初

匈奴來勢洶洶，漢朝只好採取和親政策。

河西戰役，霍去病連戰數天，重創匈奴大部隊，收復河西地區。

西元前 121 年

西元前 119 年

漠北戰役，衛青和霍去病深入漠北，大敗匈奴主力，封狼居胥。

西漢文豪

寫篇賦展開說說

7,

西漢盛產文賦才子，賈誼和司馬相
如就是其中的傑出代表。兩人同為
臣子，又都曾在作品裡諷諫帝王。

少年得志，驚才絕豔，卻鬱鬱而終

賈誼

賈誼

出生地

洛陽
（今河南洛陽）

生年

西元前 200 年

卒年

西元前 168 年

身份

漢朝官員、
文學家

技能

針砭時弊

鬱鬱不得志

　　賈誼十八歲時就因才華橫溢而聞名洛陽，還協助治理河南郡，頗有政績。漢文帝聽說了，就請他擔任博士，賈誼也成為最年輕的博士。每次漢文帝讓博士們討論問題，那些年長的老先生們經常無話可說，賈誼卻總有精闢的見解，因此一年之內便被破格提拔為太中大夫。

　　賈誼之後又提出了一系列關於農業、禮制、法律等方面的改革良策，但他的突出表現招來了同事的嫉妒和誹謗。漢文帝開始疏遠賈誼，不再採納他的意見，還將他派去遙遠的長沙工作。在此期間，他寫下《吊屈原賦》《鵩鳥賦》抒發內心的憂憤。後來，賈誼做了梁懷王的老師，不料梁懷王意外墜馬而死，賈誼為沒能保護好他而深深自責，一年後就憂鬱去世了。

 大開眼界　久別重逢卻一見面就聊鬼神

　　漢文帝曾將賈誼從長沙召回朝廷，與他在未央宮暢談良久。此場景便是李商隱名句「可憐夜半虛前席，不問蒼生問鬼神」的由來。實際上，兩人聊得十分投機，一直熬到半夜，漢文帝還一直往賈誼身邊靠近傾聽，最後甚至感慨自己不如賈誼，於是讓他當自己最寵愛的兒子——梁懷王的老師。

司馬相如

廣大賦一開者，也是拓一臣

司馬相如

出生地

蜀郡
（今四川成都）

生年

約西元前 179 年

卒年

西元前 118 年

身份

漢朝官員、
文學家

技能

鳳求凰

漢賦大家

　　司馬相如是蜀郡成都人，父母曾給他取名為犬子。他口吃，卻善於寫文章。最初，他憑藉家中資產，在漢景帝身邊做了武騎常侍，但他還是不滿意。正趕上梁孝王來京城朝見漢景帝，身邊跟著許多善於遊說的人，司馬相如和他們一見如故，以生病為由辭官，旅居梁國。在此期間他寫下了《子虛賦》。

　　梁孝王去世後，司馬相如返回家鄉，但家境已大不如前。後來他和卓文君兩情相悅，無奈卓文君的父親卓王孫不同意這門親事，二人竟私奔為抗。可是他們過得實在太窮了，卓王孫心疼女兒，之後還是送去銀錢資助小倆口。

　　漢武帝即位後，某天讀到司馬相如的《子虛賦》，十分喜歡，便將他召來，封為郎官。此後，司馬相如多次出使西南，為平定邊疆立下功勞。

原來如此　用彩虹屁將漢武帝哄得心花怒放

　　漢武帝接見司馬相如，稱讚他的《子虛賦》，司馬相如非常自負地回答：「那不過是寫諸侯的事，沒什麼了不起的。我還可以寫天子遊獵呢。」漢武帝非常高興，就帶他去上林遊獵。司馬相如大筆一揮，寫出了更為華麗精彩的《上林賦》，呈給漢武帝。之後，司馬相如就當上了郎官。

才子佳人的甜蜜與辛酸

年少時的司馬相如酷愛讀書，
還學習過劍術。

> 看劍！

> 司馬兄讓著我點。

其實他原名犬子，
因為仰慕藺相如的為人，
才改名為相如。

> 偶像能不能幫我簽個名？順便名字分我一半。

> 要求還挺多。

司馬相如者，蜀郡成都人也，字長卿。少
時好讀書，學擊劍，故其親名之曰犬子。
相如既學，慕藺相如之為人，更名相如。
——《史記·司馬相如列傳》

如果史記這麼帥❺ 漢代群英

司馬相如家裡原先還算富有，
可惜後來家道中落，
生活很困窘。

連你也要離開我嗎？

有些東西失去了就再也回不來了。

他和臨邛（ㄑㄩㄥˊ）縣縣令是好朋友，
縣令見他因家事而苦悶，
便邀請他來散散心。

問君能有幾多愁，恰似人窮體胖長得醜。

那位公子好帥啊！

但看起來家底一般般呢。

素與臨邛令王吉相善，吉曰：「長卿久宦遊
不遂，而來過我。」於是相如往，舍都亭。
——《史記·司馬相如列傳》

臨邛縣有很多富豪，
其中的卓王孫聽說縣令的貴客來了，
專門準備了一場酒宴。

司馬相如來到酒宴，
舉止大方，風度翩翩。
所有賓客都為他的風采所傾倒。

臨邛中多富人，而卓王孫家僮八百人，程鄭亦數百人，二人乃相謂曰：「令有貴客，為具召之。」……相如不得已，強往，一坐盡傾。

——《史記·司馬相如列傳》

縣令邀請司馬相如為大家演奏一曲。

他推辭一番，

最後還是上臺了。

是時候展現真
正的技術了！

卓王孫有個女兒叫卓文君，

同樣喜歡音樂。

當時她因為丈夫過世，

正寡居在家。

酒酣，臨邛令前奏琴曰：「竊聞長卿好之，
願以自娛。」相如辭謝，為鼓一再行。是時
卓王孫有女文君新寡，好音。

——《史記·司馬相如列傳》

卓文君躲在門外偷看，
暗暗喜歡上司馬相如，
但又害怕自己配不上他。

他喜歡怎樣的
女孩子呢？

公子彈得真棒呀。

哪裡哪裡。

其實司馬相如早就對卓文君有意，
借此機會向她表達愛慕之情。

跳得也挺好。

相如之臨邛，從車騎，雍容閒雅甚都；及
飲卓氏，弄琴，文君竊從戶窺之，心悅而
好之，恐不得當也。
——《史記·司馬相如列傳》

宴會結束後，
司馬相如串通了卓文君的婢女，
讓她代為傳情。

告訴她，我司馬相如相中她了。

就這還想學人家耍帥？

嫌棄

當晚，卓文君偷偷溜出家門，
直奔司馬相如的住處，
和他一起返回成都。

喜歡你，太多太多……

不，你不可能有我多！

別再秀恩愛了……

既罷，相如乃使人重賜文君侍者通殷勤。
文君夜亡奔相如，相如乃與馳歸成都。
——《史記·司馬相如列傳》

到了成都老家，
她才發現司馬相如家境貧苦，
房子空空如也。

以後家裡交給你
全權打理了！

哈哈，那還
滿輕鬆的。

卓王孫得知女兒私奔後，
大發雷霆，
和她斷絕父女關係。

豈有此理

膽大包天，請
他吃飯還搶我
的女兒！

卓王孫大怒曰：「女至不材，我不忍殺，不
分一錢也。」人或謂王孫，王孫終不聽。
——《史記·司馬相如列傳》

兩人的日子過得越來越拮据。
卓文君就提議回去和兄弟借錢，
做點小生意。

夫君您看我
削的簪子好
不好看？

你傷著自己了！
我答應你回去還
不行嗎？！

於是他們回到臨邛，
盤下一家小酒鋪。

666

+10

文君久之不樂，曰：「長卿第俱如臨邛，從
昆弟假貸猶足為生，何至自苦如此！」相
如與俱之臨邛，盡賣其車騎，買一酒舍酤
酒，而令文君當爐。相如身自著犢鼻褌，
與保庸雜作，滌器於市中。
　　　　　　——《史記·司馬相如列傳》

卓王孫聽到這個消息後，
感到非常羞恥。

熟人們紛紛勸他說，
司馬相如雖然窮，但的確是個才子，
你女兒已經認定了他，你瞧不起他有用嗎？

卓王孫聞而恥之，為杜門不出。昆弟諸公更謂王孫曰：「有一男兩女，所不足者非財也。今文君已失身於司馬長卿，長卿故倦遊，雖貧，其人材足依也，且又令客，獨奈何相辱如此！」

——《史記·司馬相如列傳》

卓王孫只能承認兩人的婚姻，
並送去一堆錢財。

多謝爹爹，我就
說爹爹不會不理
我們的！

我是不想你繼
續給我丟臉！

過了一段時間，
漢武帝讀到司馬相如的《子虛賦》，
十分讚賞。

他要是還活
著多好啊。

卓王孫不得已，分予文君僮百人，錢百
萬，及其嫁時衣被財物。文君乃與相如歸
成都，買田宅，為富人。
　　　——《史記‧司馬相如列傳》

侍臣告訴漢武帝，
這是他老鄉的作品。
漢武帝大吃一驚，
趕忙派人召來司馬相如。

司馬相如多次給漢武帝出謀劃策，
還為他出使蜀地，
開拓西邊的領土。

上讀子虛賦而善之，曰：「朕獨不得與此
人同時哉！」得意曰：「臣邑人司馬相如自
言為此賦。」上驚，乃召問相如。
——《史記·司馬相如列傳》

發跡後的司馬相如
再次回到蜀地，
當地官員都親自過來迎接。

歡迎司馬大人回家。

服務真周到。

卓王孫這才對女婿真正改觀，
又分了一些家財給他們。
蜀地人也都為他感到光榮。

長大了要像司馬相如一樣有才哦！

天子以為然，乃拜相如為中郎將，建節往使……至蜀，蜀太守以下郊迎，縣令負弩矢先驅，蜀人以為寵。於是卓王孫、臨邛諸公皆因門下獻牛酒以交歡。
——《史記·司馬相如列傳》

我來吸取前車之鑒。

先把我救出去再說！

【前車之鑑】

賈誼認為漢朝應該吸取秦朝滅亡的教訓，就像後面的車看到前面的車翻了，也要留意自己有沒有同樣的問題。

【投鼠忌器】

賈誼認同「刑不上大夫」，高級官員如果被懲罰，相當於皇帝的權威也減弱了。就跟丟東西砸老鼠，會擔心砸到牠旁邊的器皿一樣。

【坐不垂堂】

司馬相如曾提醒漢武帝，聰明人要懂得避開無形的危險，比如不要坐在屋簷下，以免被脫落的瓦片砸傷。

【兼容並包】

司馬相如認為皇帝不該被老規矩束縛，而要開創一個新的格局、新的天地，追求無所不容、無所不包。

【家徒四壁】

卓文君跟司馬相如私奔回他老家，才發現他十分貧窮，家裡除了四面牆壁什麼也沒有。

【子虛烏有】

司馬相如寫的《子虛賦》，虛構了子虛先生和烏有先生兩個人物。用來形容假設的、不存在的、不真實的事情。

張騫出使

絲路冒險之旅

8/

絲綢之路貫通了中西方的文明交流，
但開闢它卻一點也不容易。張騫在漢
武帝的支持下，不畏艱險、勇於開拓，
最終鑿空西域。

張騫

具有超強冒險精神的探險家

張騫

出生地

漢中成固
（今陝西成固）

生年

不詳

卒年

西元前114年

身份

絲綢之路開拓者

技能

世界之目

絲綢之路

　　張騫早年是一名郎官。漢武帝想派使者去和仇視匈奴的月氏（ㄓ）交好，聯手攻打匈奴。張騫於是應詔出使，花費十幾年，經歷重重困難，終於到達月氏。然而月氏已經沒有報復匈奴的心思，張騫一無所獲，又歷經千難萬險回到漢朝，向漢武帝彙報一路的情況。

　　之後，張騫被封為博望侯，但因在隨軍攻打匈奴時誤了戰機，又被削為平民。過了幾年，他跟漢武帝提議聯合烏孫國來對抗匈奴，於是再次出使西域。烏孫國遠離漢朝，不瞭解情況，就派出使者跟著張騫一起回到漢朝。一路上經過的其他各國也派出使者跟過來窺探，他們見識到漢朝人多、物多、錢也多。就這樣，西域各國開始和中原互相往來。

終於通關了。

大開眼界 感謝張騫讓我們吃到這些美食

　　張騫出使西域，帶回來許多食物種子，包括堅果、水果、蔬菜等幾類，經過推廣種植以後，它們成了中國最常見、也最受歡迎的食物之一。經絲綢之路傳進來的種子有：核桃、蠶豆、芝麻、葡萄、石榴、香菜、胡蘿蔔、大蒜等。

荒漠中的鑿空之行

漢武帝即位後，
漢朝很快強盛起來。

而在漢朝西北部，
驍勇善戰的匈奴民族
征服了周圍大大小小的部落，
還時不時侵擾漢朝領土，
給邊境人民帶來了災難。

漢武帝聽說有個叫月氏的國家
十分痛恨匈奴，
想和他們聯手抗敵。

於是他下發詔書，
在全國招募能出使西域、
聯繫月氏的人。

聯繫方式呢？

派人去找吧。

是時天子問匈奴降者，皆言匈奴破月氏
王，以其頭為飲器，月氏遁逃而常怨仇匈
奴，無與共擊之。漢方欲事滅胡，聞此言，
因欲通使。道必更匈奴中，乃募能使者。
　　　　　　　　　　　——《史記·大宛列傳》

張騫趕來應聘，
很快脫穎而出。
他帶領一百多人離開長安，
向著萬里外的西域進發。

可惜他們運氣不太好，
剛出隴西就碰到匈奴的軍隊。
由於寡不敵眾，
一行人都被俘虜了。

張騫被扣留了十多年，
匈奴讓他娶妻生子，想磨滅他的意志。
但他一直保留著漢使的旌（ㄐㄧㄥ）節，
從來沒有弄丟過。

直到有天匈奴監視鬆懈，
張騫和部下設法逃離了。
在沙漠裡走了數十天後，
他們誤打誤撞來到大宛（ㄩㄢ）國。

> 留騫十餘歲，與妻，有子，然騫持漢節不
> 失。居匈奴中，益寬，騫因與其屬亡鄉月
> 氏，西走數十日至大宛。
> ──《史記·大宛列傳》

大宛國早就聽說漢朝物產豐富，
想和漢朝打好關係。
他們不僅盛情款待了張騫一行人，
還派兵護送他們到月氏國。

等張騫到達時，月氏國已經發展壯大。
由於過得十分安逸，
他們失去了復仇的想法。

大月氏王已為胡所殺，立其太子為王。既
臣大夏而居，地肥饒，少寇，志安樂，又自
以遠漢，殊無報胡之心。
——《史記·大宛列傳》

張騫無功而返，
路上又撞上了匈奴的軍隊。

哦，前面那誰⋯⋯

你認錯人了！

幸好匈奴發生內亂，
張騫和一名部下，
以及在匈奴娶的妻子，
趁亂逃回了漢朝。

呼呼

騫從月氏至大夏，竟不能得月氏要領。留
歲餘，還，並南山，欲從羌中歸，復為匈奴
所得。留歲餘，單于死，左谷蠡王攻其太
子自立，國內亂，騫與胡妻及堂邑父俱亡
歸漢。

——《史記·大宛列傳》

雖然這次西行沒有達到最初目的，
但讓中原人開始瞭解西域。

幾年後，張騫跟隨軍隊征討匈奴。
他知曉西域地理，
清楚哪裡有水域和草地，
讓軍隊得以補給，
因此被漢武帝封為博望侯。

請叫我……

騫以校尉從大將軍擊匈奴，知水草處，軍
得以不乏，乃封騫為博望侯。
——《史記·大宛列傳》

後來張騫再次出使西域。
很多國家跟漢朝建立了友好關係。

從此，
西域的農產品以及琉璃等物產，
開始源源不斷地來到漢朝。

天子以為然，拜騫為中郎將，將三百人，馬
各二匹，牛羊以萬數，齎金幣帛直數千巨
萬，多持節副使，道可使，使遺之他旁國。
——《史記·大宛列傳》

漢朝的漆器、茶葉和絲織品等
也開始傳到西域，
接著又傳到更遙遠的歐洲。

漢人的酒壺
可真特別。

老哥，我是
個花瓶。

其中絲綢最受歡迎，
後來人們就把張騫開拓的這條路
稱為「絲綢之路」。

無名路線不走，我
只走絲綢之路。

不是，你先把
貨裝上啊。

烏孫使既見漢人眾富厚，歸報其國，其國
乃益重漢。其後歲餘，騫所遣使通大夏之
屬者皆頗與其人俱來，於是西北國始通於
漢矣。

——《史記·大宛列傳》

【夜郎自大】

漢朝使者出使夜郎國時被詢問：「漢朝有沒有夜郎大？」其實夜郎甚至不如漢朝的一個州縣大。

我們夜郎可大了！

雞同鴨講

【不得要領】

張騫本想勸月氏與漢朝聯合起來對付匈奴，沒想到月氏太平生活過久了，對聯盟不感興趣。張騫只能放棄。

【汗血寶馬】

張騫在西域曾見到一種駿馬，不但能日行千里，身上還會流出像血一樣的汗液，因此稱牠為「汗血寶馬」。

汗血寶馬　種香　★★★★★

絲綢之路

開始

張騫首出西域

時間：西元前 138 年
目的：聯絡大月氏夾擊匈奴
結果：增加對西域各國的了解

張騫二出西域

時間：西元前 119 年
目的：加強與西域各國的友好往來
結果：促進漢朝和西域的經濟文化交流

路線

從長安出發，經過河西走廊，
再往中亞、西亞，直至歐洲。

絲綢之路自助攻
略，來一份嗎？

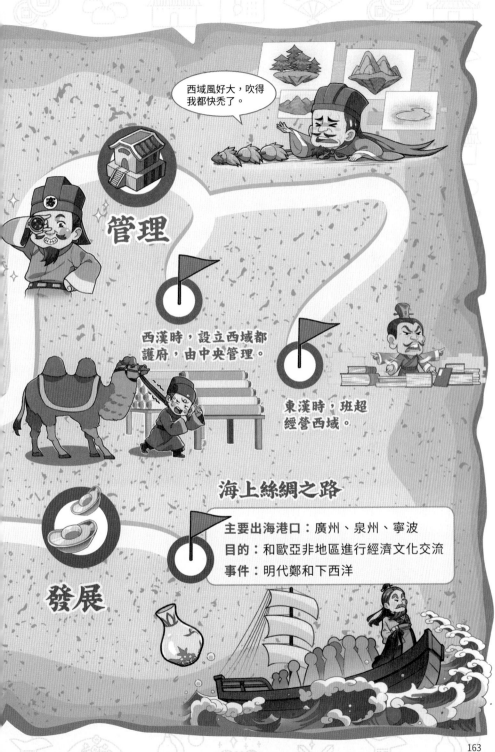

西域風好大，吹得我都快禿了。

管理

西漢時，設立西域都護府，由中央管理。

東漢時，班超經營西域。

海上絲綢之路

主要出海港口：廣州、泉州、寧波
目的：和歐亞非地區進行經濟文化交流
事件：明代鄭和下西洋

發展

狂人之歌

諧星與遊俠

9/

西漢有兩位奇人，一個因文而
狂，一個因武而狂。一個壽終
正寢，一個卻不得善終。

東方朔

體弱多病卻常以下犯上的諍臣

滑稽又不滑稽

東方朔

出生地

平原郡厭次縣
（今山東惠民）

生年

約西元前 161 年

卒年

約西元前 87 年

身份

漢朝官員、
文學家

技能

自賣自誇

東方朔是齊地人，自小就很喜歡讀諸子百家的書。他到長安覲見漢武帝，帶了長長一篇奏章做見面禮。武帝很喜歡他，讓他在身邊侍候，兩人經常一起愉快地聊天。

和漢武帝吃飯時，他會把吃剩的肉揣進懷裡帶走，弄得一身油膩。漢武帝賞賜的綢絹，他也全部扛回家，送給年輕漂亮的小妾。其他侍臣都喊他「狂人」，但東方朔根本不在意，漢武帝就更無所謂了，反而嘲笑這些侍臣：「東方朔如果不荒唐，就沒有你們啥事了。」

東方朔臨終前，沒再說些瘋瘋癲癲的話，而是規勸漢武帝不要聽信那些像蒼蠅一樣飛來飛去的小人說的讒言。漢武帝感到十分驚奇，但並沒有聽進去。

大開眼界 **膽大包天！竟敢和皇帝談條件！**

宮中曾出現一隻長得像麋鹿的動物，漢武帝問了很多人，沒有人認識。東方朔雖然知道，卻賣起了關子：「要告訴您可以，先賜給我一頓好吃的。」吃飽喝足後，他又得寸進尺：「再賜給我田地和魚塘。」漢武帝答應了，東方朔這才說那隻動物是「騶（ㄗㄡ）牙」，預示著遠方會有人來歸順。一年後，匈奴王果然帶著十萬人歸降漢朝。漢武帝因此又賞給東方朔很多錢財。

橫跨黑白兩道的遊俠

東方「教父」

郭解

出生地

河內郡軹縣
（今河南濟源）

生 年

不詳

卒 年

約西元前 126 年

身 份

遊俠

技 能

金盆洗手

郭解是西漢的一名遊俠。他雖然身材矮小，卻精明強悍，手段殘忍，年輕時就將殺人搶劫、私鑄錢幣、盜挖墳墓等違法犯罪的事幹了個遍。但他運氣太好，總能遇到大赦而免受刑罰。

年紀大了後，郭解金盆洗手，經常扶危濟困。他姊姊的兒子仗著他的勢力，強行給人灌酒，結果反被人殺了。姊姊要郭解為外甥報仇，他了解實情後，認為是外甥有錯在先，沒有追究兇手的責任。他曾遇見一個向自己挑釁的年輕人，不僅沒有生氣，還反思自己的不足，並暗中請人免除那個年輕人的勞役。年輕人知道後十分慚愧，親自上門道歉。於是越來越多人仰慕郭解，跑來依附他。

原來如此　怎樣也洗不白的黑幫老大

郭解後來努力「洗白」自己，行善積德，交了不少權貴朋友，連大將軍衛青都曾在漢武帝面前說他好話。郭解不再計較那些惹自己的人，但很多仰慕他的年輕人經常偷偷幫他報仇。郭解也不約束他們，結果惹來一身腥。郭解的家裡人和一個官員結了仇，官員家人想上書告狀，剛走到宮門就被殺害。漢武帝於是下令將郭解捉拿歸案，滿門抄斬。

靠講笑話升官的「梗王」

漢武帝時，有位才子名叫東方朔，
由於性格十分幽默，被世人稱為「滑稽之雄」。

當時朝廷大力招攬能人，
各路才子紛紛遞上簡歷。

> 武帝時，齊人有東方生名朔，以好古傳
> 書，愛經術，多所博觀外家之語。
> ——《史記・滑稽列傳》

為了脫穎而出，
東方朔寫了三千多片木簡，
變著花樣誇自己。

我這無處安放
的魅力啊。

木簡的數量實在太多，
甚至需要兩個壯漢、兩輛馬車才能全部搬走。
這成功引起了漢武帝的注意。

抬了五回了，都
還是他一個人的
簡歷……

這個東方朔
太秀了吧，
寫這麼多。

朔初入長安，至公車上書，凡用三千奏牘。
公車令兩人共持舉其書，僅然能勝之。
——《史記·滑稽列傳》

漢武帝也很有耐心，
花了整整兩個月把它們讀完。
也許是欣賞東方朔的文采，
給了他一個小官。

皇上吃飯啦，吃
完再看吧。

朕不餓，這
東方朔太有
才了。

但這個官太過清閒，
東方朔逐漸感到不滿。

明明在宮裡，卻連
皇上都見不到，太
沒前途了吧。

人主從上方讀之，止，輒乙其處，讀之二
月乃盡。詔拜以為郎，常在側侍中。
——《史記·滑稽列傳》

有一天，
他發現幾個管理馬棚的侏儒，
薪水跟自己一樣，
便心生一計。

他騙侏儒們說：
「你們的死期就要到了！
皇上覺得你們對國家無益，
要把你們都殺掉！」

侏儒們都嚇哭了。

東方朔這才告訴他們保命之法。

過了一會兒，

漢武帝經過馬棚。

侏儒們集體下跪請罪，

把他嚇了一跳。

得知原委後，
他責問東方朔：
「你為什麼假傳聖旨，
恐嚇那些侏儒？」

來我辦公室喝
杯茶怎麼樣？

皇上，我能
自己走。

東方朔不緊不慢地說：
「我的身高是侏儒的三倍，
薪水卻和他們一樣。
侏儒飽得不行，
我卻餓得不行。」

我餓得頭暈，來
人吶，接住我。

每個月都有吃
不完的米，該
怎麼辦呢？

漢武帝秒懂，
提拔了他。
之後他見到皇帝的機會就多了起來。

下班啦，走，
請你去吃飯。

多謝皇上恩
寵，今天火
鍋店七折。

在一個酷暑難耐的夏天，
漢武帝為了慰問各級官員，
讓大家到宮裡來領肉。

東方朔先到了，
而負責分肉的官員卻遲遲不來。

他便自己動手，
砍下肉帶走了。

我不客氣啦。

漢武帝知道後，
狠狠罵了東方朔。

不可饒恕！你
居然割了朕愛
吃的大腿肉！

我本來只想切
下腳趾，不小
心切多了。

東方朔的回應盡顯「梗王」風采：
「東方朔啊東方朔，你私領賞肉，真是無禮！
但你拔劍割肉的樣子，又真是勇敢雄壯！
你只割了一點肉，真是節約糧食！
你還把肉帶回家給老婆，真是愛妻顧家！
好男人就是你，你就是東方朔……」

漢武帝忍不住哈哈大笑，
又賞賜給他酒肉，
讓他都帶回去給妻子。

你的節奏很不錯，詞
也讓我很驚喜，按讚。

東方朔在詼諧搞笑的同時，
也能察言觀色，
適當地進諫，
讓漢武帝欣然採納。

那面宮牆好礙眼，
擋住我看山，你
說怎麼辦？

畫下來掛在
宮裡看。

但東方朔看不起其他大臣，
因此大家都稱他「狂人」。

東方朔很喜歡這個稱號。
他曾酒後放歌：
「既然宮中就能隱居，又何必躲進深山呢？」

朔行殿中，郎謂之曰：「人皆以先生為
狂。」朔曰：「如朔等，所謂避世於朝廷間
者也。古之人，乃避世於深山中。」
——《史記‧滑稽列傳》

【避世金馬】

東方朔認為在朝廷就能隱居，不一定非要躲在深山裡。當時朝廷大門立著金色的銅馬，人們以此代指朝廷。

你們含運嗎？

運費加倍！

【公車上書】

東方朔滿腹經綸，他剛來京城時，就帶著三千多片木簡，到受理上書的公車府投遞。

【短小精悍】

郭解身材矮小卻精明強悍，名聲很壞。這個詞後來也形容文章或發言簡短而有力。

【熙熙攘攘】

天下人都是為了利益蜂擁而至，也為了利益各奔東西。後來形容人來人往，非常熱鬧。

【樂極生悲】

齊威王曾沉迷飲酒作樂，有人就勸他：「酒喝多了容易醉；快樂到了極點，就容易發生悲痛的事。」

我又回來了！

【死灰復燃】

西漢大臣韓安國曾被捕入獄，遭受欺凌。他說：「灰燼也有重新燃燒之時。」後來他果然再次得勢。現比喻已消失的惡勢力又重新開始活動。

【強弩之末】

韓安國曾勸漢武帝跟匈奴和談，
他認為強弩射出去的箭，最後力
量也會變弱，連薄綢都穿不透。
帶兵打仗也是一樣的道理。

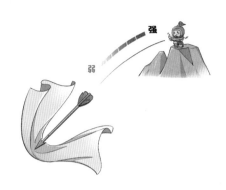

【從善如流】

齊桓公曾被人稱讚能很快接
受臣子提的好建議，就像水
從高處流到低處一樣順暢。

【脫穎而出】

賢能的人就像錐子放在布袋裡，
尖端一下就會冒出來。用來比喻
人的才能完全顯現出來。

國家圖書館出版品預行編目 (CIP) 資料

如果史記這麼帥 . 5, 漢代群英 (超燃漫畫學
歷史＋成語) / 戴建業主編；漫友文化繪 . --
初版 . -- 新北市：野人文化股份有限公司出版
：遠足文化事業股份有限公司發行 , 2023.02
　　面；　　公分 . -- (Graphic times ; 39)
ISBN 978-986-384-820-2(平裝)

1.CST: 史記 2.CST: 漫畫

610.11　　　　　　　　　　　　111019754

Graphic Times　39

⑤漢代群英

【完結】

| 編　　者 | 戴建業 |
| 繪　　者 | 漫友文化 |

野人文化股份有限公司

社　　長	張瑩瑩
總 編 輯	蔡麗真
責任編輯	徐子涵
專業校對	魏秋綢
行銷經理	林麗紅
行銷企劃	蔡逸萱、李映柔
封面設計	周家瑤
繁中版美術設計	洪素貞、許庭瑄

讀書共和國出版集團

社　　長	郭重興
發 行 人	曾大福
出　　版	野人文化股份有限公司
發　　行	遠足文化事業股份有限公司
	地址：231 新北市新店區民權路 108-2 號 9 樓
	電話：（02）2218-1417　傳真：（02）8667-1065
	電子信箱：service@bookrep.com.tw
	網址：www.bookrep.com.tw
	郵撥帳號：19504465 遠足文化事業股份有限公司
	客服專線：0800-221-029
法律顧問	華洋法律事務所　蘇文生律師
印　　製	凱林彩印股份有限公司
初版首刷	2023 年 2 月

如果史記這麼帥 (5)

線上讀者回函專用 QR CODE，
您的寶貴意見，將是我們進步
的最大動力。

野人文化官方網頁

歡迎團體訂購，另有優惠，請洽業務部（02）22181417 分機 1124